AF391357

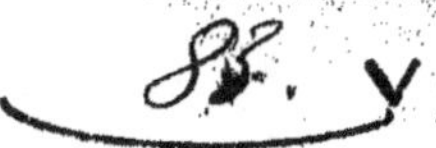

CATALOGUE

DE

CURIOSITÉS

**Faïences anciennes d'Urbino, de Faenza, de Saxe, de Berlin;
Bronzes; Ivoires; Marbres; Bois sculptés; Miniatures;**

TABLEAUX ANCIENS

GUIPURES & DENTELLES

ANCIENNES

QUELQUES BIJOUX

Provenant du Cabinet de M. de M***

DONT LA VENTE AUX ENCHÉRES PUBLIQUES AURA LIEU

RUE DROUOT, N° 5

SALLE N° 4, AU PREMIER ÉTAGE

Les Lundi 17 et Mardi 18 Décembre 1866, à 2 heures précises.

Par le ministère de **Mᵉ ÉMILE LECOCQ**, Commissaire-Priseur,
rue de Buffault, 11,
Assisté de **M. BOST**, Expert, rue Jacob, 5,
Chez lesquels se distribue le présent Catalogue.

EXPOSITION PUBLIQUE

Le Dimanche 16 Décembre 1866, à deux heures.

PARIS

RENOU & MAULDE

IMPRIMEURS DE LA COMPAGNIE DES COMMISSAIRES-PRISEURS
Rue de Rivoli, 144.

1866

CONDITIONS DE LA VENTE

Elle sera faite au comptant.

Les Acquéreurs paieront CINQ POUR CENT en sus des en-
chères, applicables aux frais.

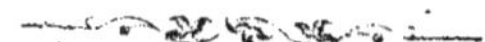

ORDRE DES VACATIONS

Le Lundi 17 Décembre 1866, à deux heures :

LES CURIOSITÉS.

Le Mardi 18 Décembre 1866, à deux heures :

Les DENTELLES, GUIPURES & BIJOUX.

DÉSIGNATION

TABLEAUX

1 — **ECOLE ITALIENNE.** Portrait de saint Stéphane, sur cuivre; cadre florentin en bois sculpté et doré.

2 — **ECOLE ITALIENNE.** Sujet religieux; cadre en bois sculpté et doré.

3 — **INCONNU.** Portrait de Charles V, duc de Lorraine. Fixé, dans un cadre ancien en bois sculpté.

4 — **INCONNU.** Une gouache ancienne sur parchemin, sujet de sainteté; cadre florentin en bois sculpté et doré.

5 — **MARIO DI FIORI.** Tableau de fleurs et fruits, dans un riche cadre florentin ancien sculpté et doré.

6 — **PÉRUGIN.** La Vierge et l'Enfant, sur cuivre; cadre ancien en ébène, avec appliques en bronze.

7 — **RAPHAEL** (Attribué à). Christ en croix, avec les saintes Femmes. *Dessin.*

8 — **RIGAUD** (Attribué à). Portrait d'un jeune magistrat, bordure florentine en bois sculpté et doré.

9 — **TIÉPOLO.** Jésus-Christ élevant l'hostie; cadre florentin en bois sculpté et doré.

10 — **TITIEN** (Attribué à), Portrait d'Alphonse II, duc de Ferrare, dans un très-beau cadre florentin sculpté et doré.

11 — **VAN DAEL** (Attribué à). Vase de fleurs, sur cuivre.

12 — **ZOLLA.** Paysage ovale dans un cadre sculpté et dorés.

Faïences anciennes.

13 — Un petit bas-relief en faïence ancienne, émaillé blanc : l'Adoration.

14 — Un bas-relief en faïence d'Urbino, de forme découpée, représentant la Vierge et l'Enfant.

15 — Un bas-relief en faïence italienne : la Vierge et l'Enfant ; au-dessus, deux anges supportant une couronne.

16 — Un bas-relief en faïence ancienne : saint Petronio.

17 — Une corbeille en faïence italienne découpée à jour, avec armoiries sur émail blanc.

18 — Cinq vases en faïence ancienne italienne.

19 — Une bouteille à long col en faïence d'Urbino, avec médaillon sur émail blanc, et ornements sur fond vert.

20 — Une théière en faïence ancienne d'Urbino, avec armoiries et arabesques, sur fond gris perle.

21 — Un plat en faïence italienne émaillé blanc, avec armoiries représentant une main ; cadre en bois noir.

22 — Douze soucoupes en faïence ancienne italienne.

23 — Seize plats en faïence ancienne italienne.

24 — Deux plats en faïence italienne : portraits d'Octave et Claude-Auguste, empereurs romains ; cadres en bois noir.

25 — Deux plats creux en faïence de Gubbio, à reflets métalliques ; cadres en bois noir.

26 — Deux plats en faïence d'Urbino sur émail bleu : portraits des ducs de Vérone et d'Urbino ; cadres en bois noir.

27 — Un plat rond en faïence d'Urbino, représentant une Chasse aux petits oiseaux; cadre en bois noir.

28 — Deux plats à pieds en faïence d'Urbino, médaillons d'Amours entourés d'arabesques.

29 — Un plat à pied en faïence d'Urbino : l'Amour un bandeau sur les yeux.

30 — Un plat creux en faïence d'Urbino : portrait de Saint.

31 — Un grand plat rond en faïence d'Urbino, avec portrait du duc de Mantoue ; armoiries et arabesques sur fond jaune et bleu.

32 — Un grand plat rond en faïence d'Urbino : sujet de cheval ; cadre en bois sculpté et doré.

33 — Un plat ovale en faïence de Faënza, avec ornements en relief : sujet allégorique.

34 — Un flacon avec son plateau, de forme contournée, en faïence de Faënza.

35 — Une assiette à œufs, avec coquetiers et salière, en faïence d'Urbino,

36 — Un pot en faïence d'Urbino, avec anse et goulot, à sujet de Saint.

37 — Une corbeille à fruits en faïence émaillée vert.

38 — Un groupe en faïence d'Urbino, représentant Bacchus ; daté 1594.

39 — Une salière à trois compartimens, en faïence ancienne d'Urbino, supportée par trois figures.

40 — Un soulier en faïence d'Urbino, émail blanc et de couleur.

41 — Une petite faïence italienne : la Vierge et l'Enfant, sur fond émaillé jaune, montée en bronze.

42 — Un compotier en faïence ancienne d'Urbino, à bords gaufrés, avec décor bleu sur émail blanc.

43 — Un groupe en faïence ancienne de Berlin : le Déjeuner champêtre.

44 — Un vide-poche en faïence d'Urbino : Sirène.

45 — Un bénitier en faïence d'Urbino, avec médaillon représentant la Vierge ; au-dessus, le Saint-Esprit, et, de chaque côté, deux anges avec fleurs en relief.

46 — Un guéridon en faïence de Faënza ancienne, décor d'oiseaux et animaux, sur pied en fer tourmenté et doré.

47 — Un petit guéridon en faïence ancienne de Faënza, décor de Levrette, sur pied, en fer tourmenté et doré.

48 — Deux grands vases en faïence ancienne de Castelli : sujets mythologiques.

49 — Une écritoire en faïence d'Urbino : Perroquet.

50 — Une écritoire en faïence émaillée blanc : Vénus et l'Amour.

51 — Un bénitier en faïence d'Urbino, avec médaillon de saint et entourage de fleurs en relief.

52 — Une console en faïence ancienne, à figure de faune, avec armoiries en couleurs.

53 — Un buste en faïence émaillée blanc : portrait de Poniatowski.

54 — Un pot à eau, avec sa cuvette, en faïence ancienne de Faënza.

55 — Une plaque ovale en faïence ancienne, bordure en relief, avec sujet de paysage.

56 — Une plaque en faïence italienne : saint François de Jérusalem.

57 — Un petit plateau creux en faïence d'Urbino, armoiries et arabesques sur émail bleu.

58 — Un plateau en faïence d'Urbino, Satyre et Bacchante.

Bronzes.

59 — Un bas-relief ancien de Jean de Bologne, en cuivre ciselé : Le Repos de la Vierge.

60 — Un bas-relief ovale en bronze doré : Saint Michel.

61 — Un bas-relief en bronze représentant des Nymphes dansant, attribué à Benvenuto Cellini, cadre en bois sculpté et doré.

62 — Un plateau ovale en cuivre repoussé et argenté : Scène pastorale.

63 — Deux très-beaux plateaux en cuivre repoussé et argenté, à sujets de fleurs et fruits, feuilles et rinceaux.

64 — Deux petits plateaux en cuivre jaune repoussé.

65 — Un plateau en cuivre repoussé et gravé.

66 — Trois petites lampes hollandaise en cuivre, dont une gravée avec pendentif en cristal de roche.

67 — Deux lampes florentines en cuivre.

68 — Une lampe hébraïque ancienne en bronze ciselé.

69 — Une lanterne vénitienne en cuivre repoussé, avec armoiries.

70 — Une croix russe ancienne en cuivre repoussé et gravé.

71 — Une croix de l'École Byzantine, en bronze ciselé.

72 — Une porte d'autel ancienne en cuivre repoussé.

73 — Une statuette par Gayrard, en bronze ciselé : Portrait de la reine Amélie.

74 — Une pendule ancienne de voyage, époque Louis XIV, en bronze gravé, à sonnerie des heures et des quarts, et à réveille-matin, dans sa gaîne ancienne.

75 — Une corbeille en cuivre rouge, découpée à jour, avec armoiries gravées.

76 — Un porte-cigare avec sa lampe en bronze ciselé.

77 — Trois cuillères en bronze, provenant de fouilles de Pompéï.

78 — Une statuette de femme en bronze ancien.

79 — Un brûle-parfums en bronze tonquin gravé.

80 — Un petit cadre Louis XVI, uni, en bronze doré.

81 — Une galerie de cheminée en bronze ancien, ornée de deux statuettes ciselées.

82 — Un joli cartel Louis XVI, en bronze doré.

83 — Une petite romaine ancienne en cuivre ciselé et gravé.

84 — Un mortier en bronze ciselé.

85 — Un plateau rond et creux en cuivre jaune et repoussé.

Terres cuites.

86 — Un beau vase en terre cuite, avec Ronde d'Amours, supporté par trois sirènes en bronze doré.

87 — Un bas-relief en terre cuite : la Naissance du Christ, cadre en bois sculpté et doré.

88 — Un bas-relief en terre cuite : le Martyre de saint Stéphane, cadre en bois sculpté et doré.

89 — Un groupe en terre cuite : Satyre.

90 — Dix-huit petites statuettes en terre cuite peinte, du XVe siècle.

91 — Une statuette en terre cuite : Diane.

Curiosités.

92 — Une petite pendule en marbre blanc et bronze.

93 — Une pendule Religieuse en bois de rose, orné de bronzes.

94 — Un socle de pendule en marqueterie ancienne, orné de bronzes dorés.

95 — Une petite pendule Louis XVI en marbre blanc, à colonnes, ornée de bronzes dorés.

96 — Une cage de pendule Louis XVI, en porcelaine émaillée blanc, représentant la Peinture et l'Histoire

97 — Une statuette en pierre de lare.

98 — Une glace Louis XIV, dans son cadre en bois sculpté et doré.

99 — Quatre petites glaces de Venise gravées, cadres en bois sculpté et doré.

100 — Un aquarium sur pied en fer forgé ancien.

101 — Un verre en porcelaine du Japon, monté sur pied en argent repoussé.

102 — Un Éventail en filigrane argent doré et émaillé.

103 — Un médaillon en cuir repoussé : Portrait d'homme, cadre en cuivre repoussé et argenté.

104 — Un couteau de chasse ancien, lame gravée avec manche en ivoire et virole en cuivre ciselé.

105 — Un Christ ancien en ivoire, cadre en bois sculpté et
doré, sur fond en velours rouge.

106 — Un Christ ancien en ivoire sur croix en bois noir à
filets de cuivre, dans un cadre à guirlande de fleurs en
bois sculpté, sur fond en velours.

107 — Un écran en tapisserie, monté en bois noir.

108 — Deux plateaux ronds en étain, avec médaillons de
guerriers en relief.

109 — Un plateau rond ancien en étain, avec médaillon en
relief représentant la Création.

110 — Un plateau rond ancien en étain, orné de guirlandes
de fleurs en relief.

111 — Un petit bas-relief en plomb, représentant une
bataille.

112 — Un flacon en émail ancien, avec couvercle.

113 — Deux statuettes grecques en marbre blanc, sur socle
en marbre blanc et rouge.

114 — Deux statuettes en porcelaine de Saxe : le Bouquetier
et la Bouquetière.

115 — Un vase à anse et goulot allongé, en porcelaine de
Saxe, décor bleu.

116 — Une épée damassée avec poignée en fer forgé et
damasquinée or.

117 — Une miniature sur ivoire : Portrait de jeune Femme
en costume du temps de l'Empire.

118 — Une miniature sur ivoire : Portrait de Louis XVI,
dans un écrin en velours grenat.

119 — Une tabatière en ivoire, à double fond, ornée de
deux belles miniatures, l'une représentant le Départ de
Darius, l'autre la Volupté.

120 — Une miniature sur ivoire, école de Rembrandt, portrait de chasseur tenant une perdrix rouge.

121 — Une miniature sur ivoire : Portrait d'homme en costume militaire, cadre en bronze ciselé.

Verres de Venise.

122 — Une tasse sans anse et sa soucoupe en verre de Venise filigrané blanc et rouge.

123 — Un bénitier à anse en verre de Murano.

124 — Un aquarium en verre de Venise blanc et bleu.

125 — Deux flacons en cristal de Bohême rouge, garnis en bronze gravé et doré.

126 — Deux flacons en verre de Venise, émaillés en couleur.

127 — Un petit plateau à pied en verre de Venise filigrané blanc.

128 — Un vase à fleurs en verre de Venise filigrané blanc.

129 — Un sucrier en verre de Venise, gravé à armoiries, avec couvercle à bouton rehaussé de rouge.

130 — Deux petites bouteilles anciennes de Murano, nuancées blanc.

131 — Une petite bouteille à anse et goulot en verre de Venise filigrané rouge et blanc.

132 — Une coupe à pied en verre de Venise uni.

133 — Une coupe en verre de Venise gravé, montée sur pied en bronze doré.

134 — Une coupe en verre de Venise uni, avec filets bleus, montée en bronze doré et émaillé, sur pied en marbre.

135 — Quatre lacrymatoires sur socle en bois sculpté et doré.

136 — Une carafe et son verre en Venise filigrané rose, blanc et rouge.

137 — Un verre et son plateau en verre de Venise filigrané blanc et bleu.

Bois sculptés.

138 — Une toilette Louis XIV en bois sculpté et doré, ornée de peintures.

139 — Un cabinet en bois sculpté, orné de bronzes.

140 — Une console Louis XVI en bois sculpté et doré, à dessus de velours grenat.

141 — Un bas-relief ancien, ornements en bois finement sculpté et découpé à jour.

142 — Un bas-relief en bois sculpté et doré : le Martyre de saint Laurent.

143 — Un petit temple ancien en bois sculpté, surmonté d'une figurine d'ange en bronze doré, et à l'intérieur duquel se trouve un Christ en ivoire.

144 — Deux appliques à trois lumières chacune, ornées de glaces, en bois sculpté florentin.

145 — Deux petites consoles en bois sculpté et doré.

146 — Une chaise Louis XIII, en bois sculpté, recouverte en cuir de Cordoue.

Bijoux.

147 — Une montre en argent doré avec cadran en émail blanc orné de deux Amours; sur la face opposée, un médaillon en émail bleu : Vénus dressant l'Amour, sur fond bleu clair échancré à jour, et laissant apercevoir un cadran tournant sur émail blanc, orné de caricatures.

148 — Une montre d'homme en or, double boîtier en laiton,
avec échappement à cylindre et quatre trous en **rubis**.

149 — Un camée dur monté en or, représentant Hercule,
entouré de grenats.

150 — Une épingle en or montée d'une perle fine et de **qua**torze roses, représentant une cornemuse.

151 — Une paire de boucles d'oreilles en or émaillé noir,
forme croissant.

152 — Une paire boucles d'oreilles anciennes, en argent
doré, forme coquille, montée d'un grenat et d'une perle
fine, avec pendeloque en argent doré et petites grappes
en perles fines.

153 — Deux boucles d'oreilles anciennes, en argent doré,
avec deux pendeloques en argent doré et montées chacune de quatre grenats et une émeraude.

154 — Une paire de boucles d'oreilles anciennes en argent
doré, forme coquille, ornées de perles fines, avec pendeloques en argent doré, et petites grappes en perles
fines.

155 — Une paire de boucles d'oreilles anciennes en argent
doré, forme coquille montée d'un grenat, avec pendeloques dorées et petites grappes en perles fines.

156 — Deux boucles d'oreilles en argent doré, forme coquille, ornées chacune de trois petites grappes en perles
fines.

157 — Une bague ancienne en or, montée de sept cailloux du
Rhin.

158 — Une bague ancienne en or, garnie de neuf perles
fines.

159 — Une bague ancienne en argent doré, montée d'une
topaze brûlée, entourée de dix-sept grenats.

160 — Une bague ancienne en or, montée de trois perles fines.

161 — Une bague ancienne en or, chaton en argent, montée d'un grenat cabochon entouré de douze petits grenats.

162 — Une bague ancienne en or, montée de neuf perles fines.

163 — Une bague ancienne en or, montée d'une améthyste et de deux grenats.

164 — Une bague ancienne en or, montée en soleil et garnie de perles fines.

165 — Une bague en or, chaton en argent, montée de strass et grenats.

166 — Une bague en or ornée de deux grenats et un caillou du Rhin.

Dentelles et Guipures

ANCIENNES.

167 — Environ quatre-vingts pièces dentelles et guipures anciennes. (Ce lot sera divisé.)

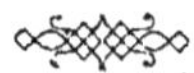

Renou et Maulde, imprimeurs de la Compagnie des Commissaires-Priseurs, rue de Rivoli, 144.   57357